Quelques Réflexions

SUR

L'Influence de Dumoulin

DANS L'HISTOIRE DU DROIT FRANÇAIS

PAR

Pierre LABORDERIE-BOULOU

CHARGÉ DES COURS D'HISTOIRE DU DROIT (LICENCE ET DOCTORAT JURIDIQUE)
ET DES CONFÉRENCES DE DROIT ROMAIN
A LA FACULTÉ DE DROIT DE L'UNIVERSITÉ DE MONTPELLIER
PRÉCÉDEMMENT CHARGÉ DES COURS D'HISTOIRE DU DROIT
A L'UNIVERSITÉ DE LYON

PARIS
LIBRAIRIE NOUVELLE DE DROIT ET DE JURISPRUDENCE
ARTHUR ROUSSEAU
ÉDITEUR
14, rue Soufflot, et rue Toullier, 13

1908

Quelques Réflexions

SUR

L'Influence de Dumoulin

DANS L'HISTOIRE DU DROIT FRANÇAIS

PAR

Pierre LABORDERIE-BOULOU

CHARGÉ DES COURS D'HISTOIRE DU DROIT (LICENCE ET DOCTORAT JURIDIQUE)
ET DES CONFÉRENCES DE DROIT ROMAIN
A LA FACULTÉ DE DROIT DE L'UNIVERSITÉ DE MONTPELLIER

PRÉCÉDEMMENT CHARGÉ DES COURS D'HISTOIRE DU DROIT
A L'UNIVERSITÉ DE LYON

PARIS

LIBRAIRIE NOUVELLE DE DROIT ET DE JURISPRUDENCE

ARTHUR ROUSSEAU

ÉDITEUR

14, rue Soufflot, et rue Toullier, 13

1908

QUELQUES RÉFLEXIONS

SUR

L'INFLUENCE DE DUMOULIN

DANS L'HISTOIRE DU DROIT FRANÇAIS

I

LES RAISONS DE L'INFLUENCE EXERCÉE PAR DUMOULIN.

SOMMAIRE

1. Cette influence a une cause prédominante. — 2. Dumoulin est la plus haute personnification de l'esprit légiste. — 3. Rôle et sort des légistes antérieurement à Dumoulin. — 4. Dumoulin possède l'esprit politique dans le sens le plus relevé du terme. — 5. Il est avant tout un praticien. — 6. Il vient à une heure décisive dans l'Histoire du Droit français.

1. — L'immense influence exercée par Dumoulin et son œuvre dans l'Histoire du Droit français tient assurément à des causes multiples : les problèmes historiques sont complexes de leur nature. Si, néanmoins, cédant à ce besoin d'unité qui fut peut-être la caractéristique la plus saillante du génie de Dumoulin, nous recherchons la raison principale de son autorité, il nous devient facile d'assigner à cette autorité une cause prédominante.

2. — Dumoulin, en effet, fut surnommé le prince de nos légistes. Il fut la plus haute personnification de cet

esprit légiste qui a laissé dans l'évolution de nos institutions une trace si profonde. Il a réuni en lui, à un degré éminent, toutes les qualités de précision juridique, de logique serrée, de constance courageuse distinguant ces hommes, ces représentants de la haute bourgeoisie qui dévouèrent leurs efforts et souvent leurs vies à la cause du Droit commun.

3. — Rappeler le rôle des légistes dans la formation de notre Droit, c'est presque formuler une vérité banale. Sur eux « tout a été dit et tout est encore à dire » (1). Qui ne sait l'opiniâtreté avec laquelle ces hommes de robe entreprirent la reconstitution du pouvoir central, l'avènement d'un État fort ? Qui n'a présentes à l'esprit les carrières de ces grands baillis du XV⁰ siècle, les Jean Doyat et les Pierre Landais, qui savaient si bien batailler pour l'unification juridique du pays et savaient, au besoin, si bien mourir ?

Au cours des siècles qui précèdent la venue de Dumoulin, à l'heure même où il apparaît, toutes les intelligences d'élite embrassent l'étude de la Loi. La France, disait-on, est un royaume de plaidoirie. Dès lors, l'estime du peuple viendra naturellement à ces légistes qui travaillent en sa faveur. Tel était du moins le sentiment populaire à l'époque de Dumoulin. S'il eût vécu quelques siècles auparavant, son autorité n'eût sans doute pas été si grande. Car durant ces siècles obscurs du Moyen-Age, les légistes n'eurent même pas l'opinion publique pour eux. Et le peuple,

____

(1) A. Bardoux : *Les Légistes, leur influence sur la société française*, p. 4.

ne distinguant point entre la justice et la chicane, vit souvent pendre avec joie ces précurseurs de nos libertés civiles.

4. — Le grand légiste vient donc à son heure. Le milieu historique a créé autour de lui une ambiance favorable au succès de ses doctrines. D'ailleurs, le robuste sens pratique de Dumoulin saura, de lui-même, s'adapter parfaitement à ce milieu. Il aura, plus que personne, le sens des possibilités, la notion adéquate des transitions à ménager et des contingences à respecter. Il possédera, en un mot, l'esprit politique dans le sens le plus relevé du terme.

Les exemples abondent des vérités que nous avançons. Lorsque Dumoulin, dans son *Oratio de concordia consuetudinum*, réclame l'unification législative, c'est exclusivement pour la France coutumière. Il se garde bien d'étendre sa réforme aux pays de Droit écrit : les lois romaines sont trop raisonnables, la tâche d'unification coutumière sera par elle-même assez pénible et assez longue. Dumoulin, en vrai légiste, ne rêve que le possible. Encore ne parvint-il pas à réaliser entièrement le plan qu'il s'était tracé : et plus tard Daguesseau, s'inspirant de son esprit, devait échouer lui-même dans une tentative similaire de codification (1).

____

(1) Dans l'ordonnance de février 1731 sur les donations, Daguesseau met sur les lèvres de Louis XV l'annonce d'un « corps des lois qui seront faites » en vue d'unifier la jurisprudence. Le corps de lois promis ne parut point, mais des efforts qu'il occasionna sortirent les ordonnances fameuses de Daguesseau sur les donations, sur les testaments (août 1735) et sur les substitutions (août 1747).

Il nous serait aisé d'être plus long. Lorsque, par exemple, Dumoulin préconise la licéité du prêt à intérêt dans son *Tractatus Usurarum*, il n'attaque point la prohibition canonique avec sa vigueur ordinaire. Il conseille bien moins le prêt à intérêt que les rentes constituées, parce que ces dernières concilient les formes du Droit civil avec les exigences du Droit canon. De même, pourquoi Dumoulin, lorsqu'il fait œuvre de romaniste, conserve-t-il l'appareil encombrant et quelque peu usé de l'Ecole bartoliste ? Parce que la magistrature de son temps est bartoliste : et il sait qu'en ne heurtant point de front une jurisprudence constante, ses doctrines ont beaucoup plus de chance d'être adoptées.

5. — C'est que Dumoulin est avant tout un praticien. Il est influent parce que légiste : il est légiste parce que praticien. L'action, le souci de la vie concrète forment le tréfonds de cette nature (1).

L'esprit légiste est foncièrement pratique. Le Palais avait fondé la renommée de Dumoulin. Le Palais lui fit une réputation européenne qui contribua grandement à l'extension de son influence.

Nous ne serions pas éloigné de voir dans cette renommée de Dumoulin, — attestée par maints détails

______

(1) Dans la matière du partage, par exemple, Dumoulin après avoir, à l'origine, adopté la théorie des Glossateurs sur l'aliénation nécessaire, se rangera finalement à l'opinion des praticiens voyant dans le partage une simple attribution de parts. Et il écrira dans le *Traité des Censives* : « *Divisio proprie non est alienatio, nec nova acquisitio, sed portionum attributio* », — proposition qui contient en germe le caractère déclaratif du partage moderne.

de sa biographie reproduits dans son œuvre —, un élément capital de son autorité juridique. D'autres légistes d'une rare valeur restèrent dans l'ombre, en effet, parce qu'ils manquèrent de rayon. Prenons, entre tant d'autres, Jean de Basmaison, l'ami de Dumoulin. Un instant son *Sommaire discours des fiefs et arrière-fiefs* rivalisera dans l'estime des contemporains avec le commentaire fameux du titre Ier de la Coutume de Paris. Mais la carrière de Basmaison s'écoulera à la barre du présidial de Riom et il demeurera homme secondaire. Qui ne connaît, au contraire, l'exil de Dumoulin dans les cours d'Allemagne, la période où « ce proscrit entouré de princes parut un prince entouré de courtisans » ? Quand le comte de Montbéliard emprisonne Dumoulin, il croit fermement tenir sous les verrous le gain du mauvais procès qui le préoccupe, par cela même qu'il détient le juriste dont les consultations ont triomphé de Charles-Quint. Et ne suffit-il pas de rappeler que lorsque Dumoulin commente la Loi *Ex parte* (1) dans sa IVe leçon de Dôle (2), il argumente sur une espèce concrète au sujet de laquelle l'avait consulté récemment un avocat de la Cour impériale de Spire ? (3).

6. — Mais le légiste, le praticien renommé, n'aurait peut-être pas exercé une telle influence dans notre histoire juridique si son œuvre ne s'était placée à cette

---

(1) Fr. 39, Digeste, *Familiæ erciscundæ*, X, 2.
(2) Cette IVe leçon fut faite le 9 janvier 1556.
(3) Voyez : Charles Appleton, la Loi *Ex parte* et la IVe leçon de Dumoulin à Dôle. *Mélanges Fitting*, t. I, Montpellier, 1907. p. 3 à 25.

heure décisive où s'élaboraient les principes définitifs du Droit national.

Le pouvoir central, victorieux dans les faits, ne l'est pas encore dans la législation. Le moment est venu de formuler des principes, de préciser les résultats acquis.

Ainsi, les besoins de synthèse et de réforme qui animaient ce XVIe siècle si tourmenté, trouvèrent dans l'œuvre de Dumoulin leur expression la plus complète.

II

QUELS PROBLÈMES SE POSAIENT LORSQUE DUMOULIN APPARUT.

SOMMAIRE

1. Réveil de la Noblesse féodale. — 2. Usurpations ecclésiastiques. — 3. Lenteurs dans la rédaction des Coutumes. — 4. Lacunes du Droit écrit. — 5. L'aspiration vers l'unité du Pouvoir domine l'œuvre de Dumoulin.

1. — Le XVIe siècle, pourrait-on dire, fut l'âge d'or des légistes. Jamais leur intervention n'avait été plus nécessaire. Les droits que, depuis Philippe le Bel, leurs prédécesseurs avaient recouvrés sur la Noblesse et le Clergé, étaient singulièrement menacés. A la faveur des luttes religieuses qui avaient succédé aux controverses théologiques, la Noblesse espérait reconquérir les prérogatives déjà nombreuses que l'effort tenace des hommes de loi lui avait ravies. La guerre religieuse n'était pour elle qu'un prétexte. « Je n'en veux, l'ami, écrivait le duc de Guise à un huguenot, ni à ta religion ni à ton

prèche ! Si tu n'es pas saoul d'un ministre, aies-en deux » (1).

2. — Au sein de cette société troublée, l'Église, d'autre part, allait étendant sans cesse sa puissance politique, se préparant à franchir les justes limites que lui imposaient les droits du pouvoir civil. Les fraudes se multipliaient dans la matière des bénéfices ecclésiastiques et les droits des collateurs ordinaires étaient très sensiblement amoindris. Les officialités prétendaient connaître des délits d'usure concurremment avec les juridictions laïques. Enfin et surtout, le Concordat de 1516, atteignant irrémédiablement l'antique principe des élections ecclésiastiques, avait succédé à la Pragmatique Sanction de Bourges, que légistes et parlementaires considéraient comme le palladium des libertés gallicanes.

3. — Une mesure, il est vrai, s'exécutait qui allait consolider bien des résultats acquis, tout en restreignant l'arbitraire seigneurial. La rédaction des coutumes s'effectuait avec le concours des États provinciaux. Le règne de Louis XII lui avait donné une impulsion vigoureuse : mais l'œuvre s'accomplissait lentement. L'ordonnance de Montils-lez-Tours remonte à 1453 et la Coutume d'Orléans avait vu le jour en 1509, celle de Paris en 1510.

Au surplus, la confusion forcée de cette législation parcellaire offensait la raison. Particularité plus grave

----

(1) A. Bardoux : *op. cit.*, p. 126.

au regard des légistes, ce morcellement de législation correspondait hier encore à un morcellement de souveraineté. N'allait-il pas former obstacle à l'instauration d'un pouvoir central énergique, entraver la reconstitution de l'unité nationale ? N'allait-il pas détacher encore le peuple des légistes en lui laissant croire qu'ils avaient — eux, les grands artisans de l'unité, — quelque vil intérêt de chicane rémunératrice au maintien des Coutumes confuses et divergentes ?

4. — Sans doute, le Midi de la France échappait à l'empire du Droit coutumier. Mais dans le domaine du Droit écrit lui-même, que de lacunes à combler ! Certes, nous savons qu'il existait des Coutumes en pays de Droit écrit et qu'elles l'emportaient souvent sur la loi romaine : « *Consuetudines Tolosæ vincunt legem scriptam* », dit au XVIe siècle le commentateur de la Coutume de Toulouse. Mais dans les cas très nombreux où le Droit romain conservait force de loi positive et impérative, on se heurtait fréquemment à des textes d'où les tribonianismes avaient banni toute raison, toute équité.

Non seulement les méthodes contemporaines de recherche des interpolations, pressenties par Cujas et mises en honneur par la science allemande, étaient alors insoupçonnées, mais encore la présence d'une interpolation n'eût point enlevé au fragment incriminé la valeur législative qu'il avait comme partie intégrante du *Corpus juris civilis*. La seule ressource était de mettre au jour, par des prodiges de subtilité, une interprétation équitable. Chacun connaît la *maestria* avec laquelle la logique subtile de Dumoulin fit face à semblable néces-

sité. Qu'il dégage dans les Leçons de Dôle les linéa-
ments de notre subrogation moderne, — qu'il cons-
truise de toutes pièces dans son *Extricatio labyrinthi*
la théorie des obligations indivisibles, — ou qu'il dé-
fende, dans les *Conclusiones de statutis localibus*, la
large doctrine de Bartole sur les statuts contre les conceptions étroitement féodales de d'Argentré, Dumoulin agit toujours en précurseur de l'unité juridique ou
politique.

5. — Cette aspiration vers l'unité du pouvoir domine
l'œuvre du grand légiste. Toutes ses théories supposent
l'unité, tous ses écrits la désirent. Sur cette base repose
entièrement le puissant système qu'il édifie.

III

COUP D'ŒIL SUR L'ŒUVRE DE DUMOULIN.

SOMMAIRE

1. Comment Dumoulin conçoit la grandeur de son rôle. — 2. Il travaille à l'instauration d'un Droit national et laïque. — 3. Le Traité des
Fiefs (1539). — 4. Le *Tractatus usurarum* (1546). — Le Conseil
sur le fait du Concile de Trente (1564). — 6. L'*Oratio de Concordia
et unione consuetudinum Franciæ*. — 7. Les *Conclusiones de
statutis localibus*.

1. — Dumoulin considère qu'il fait œuvre nationale.
Ses contemporains ne songeaient guère à le nier, té-
moin l'estime universelle qui accueillit le *Traité des
Fiefs* : spontanément et à deux reprises, le Parlement
de Paris offrit à l'auteur un siège de conseiller. Dans le

Sommaire du Traité des Usures (1), nous voyons énoncée cette mission nationale dont Dumoulin se juge investi. La pensée qui termine le Sommaire est ainsi libellée : « Vous avez en vostre langue ce gage et témoignage du zèle que j'ay pour la vérité, pour la justice et pour le bien public ; et du labeur qu'y ay pris et continué longtemps à mes dépens, sans l'apport ny faveur d'aucun grand ou petit, laissant ces moyens (que j'avais en main) par lesquels on va aux richesses et honneurs de ce siècle ». — Nous pourrions montrer ce sentiment d'utilité nationale inspirant les moindres travaux du légiste. Mais le cadre même de ces quelques réflexions interdit de descendre dans de tels détails. Je me bornerai à présenter, si j'ose dire, une anthologie des écrits de Dumoulin.

2. — Dès Philippe le Bel, les légistes avaient compris qu'à leurs efforts s'opposeraient deux ennemis : la Féodalité, l'Eglise en tant que puissance politique. Ils jurèrent que le Droit ne serait ni féodal ni ecclésiastique.

C'est donc à l'avènement de ce Droit national et laïque que Dumoulin va travailler de toutes ses forces. Contre la Féodalité il lancera son *Traité des Fiefs* (1539). Contre le Clergé puissance politique il écrira son *Tractatus Usurarum* (1546), son *Conseil sur le fait du Concile de Trente* (1564). Pour l'unification lé-

---

(1) Le Sommaire du *Tractatus Usurarum* fut rédigé, en langue francaise, en 1557. Il a été composé, dit Dumoulin, « pour le bien, honneur et utilité de la République de France et de tous bons français ».

gislative, il composera ces quelques pages pleines de
vigueur et de clarté qui forment l'*Oratio de Concordia et unione consuetudinum Franciæ*. Lutte contre
les usurpations seigneuriales, — contre les empiéte-
ments du pouvoir pontifical, — contre les défectuosi-
tés des Coutumes, — contre les interprétations injustes
des lois romaines qu'il prise si haut : voilà le résumé
de son œuvre et de sa vie.

3. — Le XVI⁰ siècle est encore profondément féodal.
La Féodalité est amoindrie, elle n'est pas vaincue. Elle
domine la vie rurale, elle imprègne les rapports sociaux.
Simple convention privée à l'origine, le fief a envahi
le domaine du Droit public. A l'époque carolingienne
c'était un contrat de Droit privé ; au temps de Dumoulin, il est encore à la base de l'organisation sociale.
Cette dernière suppose le fief, elle vit des rapports politiques et pécuniaires qu'il engendre. La royauté elle-
même, par des constitutions d'apanages, a paralysé
partiellement l'œuvre de ses légistes. — On ne peut
songer à supprimer par une simple ordonnance le régime féodal : sa décadence puis son abolition seront
l'œuvre du temps et d'un effort constant (car nul n'ap-
précie mieux que le légiste la collaboration du temps
et la patience dans l'effort). Mais du moins doit-on rame-
ner le contrat féodal aux limites primitives qu'il n'aurait jamais dû franchir, *Feudum est contractus*, — du
moins doit-on réduire les justices seigneuriales au rôle
de mandataires de la royauté, créer un Droit royal pla-
nant au dessus des pouvoirs féodaux !

Ce droit royal, il découlera de la loi nationale — tel
est le nom que prennent sous la plume de Dumoulin

ces principes essentiels qui devaient devenir les lois fondamentales de notre ancienne Constitution. Le roi ne sera point propriétaire de son royaume, il en sera seulement l'administrateur : *Non censetur dominus seu proprietarius regni sui, sed administrator*. Et la couronne incarnant l'État disposera de droits tenant à son essence même, de droits qu'elle ne pourra aucunement aliéner. De ce nombre sera le droit de justice, « le plus *majestatif* » des attributs du pouvoir central. Toute justice émanera du roi ; les seigneurs, tant laïques qu'ecclésiastiques, seront seulement ses mandataires ; car fief et justice n'ont ensemble rien de commun !

Dans la pensée intime de Dumoulin, la Féodalité est donc un de ces puissants phénomènes historiques plus forts que les décrets mêmes du législateur. L'attaquer face à face serait imprudent autant qu'inutile ; l'attaquer en flanc sera plus pratique et plus sûr ; chaque glose du titre *Des Fiefs* sera un coup porté au régime féodal. Voilà bien l'esprit légiste. Nul mieux que lui n'atteint son but.

4. — Même tactique dans le *Tractatus Usurarum* (1546). Pour combattre ouvertement la prohibition canonique de l'usure, il faut le courage d'esprit d'un Calvin. Luther lui-même conserve les errements du Droit canon. Dumoulin ira plus loin. Le grand mouvement d'idées de la Réforme ne l'a point laissé indifférent. Tandis que des intelligences comme L'Hospital et Cujas témoignent des sympathies discrètes aux idées nouvelles, Dumoulin adhère fermement au libre examen : c'est en son nom qu'il réfute les arguments vieillis de la Scolastique. Car l'afflux de numéraire provenant

du Nouveau Monde et le développement concomitant du commerce ont convaincu cet homme pratique de la productivité du capital, de la licéité de l'intérêt.

Mais à quoi bon entraver l'essor de ces justes conceptions en attaquant de front les prohibitions du Droit canon? La pratique des rentes constituées conduira d'elle-même à celle du prêt à intérêt. Dumoulin va donc être le premier à soutenir la légitimité des rentes constituées non assignées sur des fonds. Une bulle de Pié V viendra bien, en 1568, condamner ses propositions (1). Mais dans un arrêt célèbre de 1557, le Parlement de Paris s'est déjà rallié à la doctrine du grand légiste.

5. — Le débat va s'élever encore dans le *Conseil sur le fait du Concile de Trente* (1564). Ici les principes du pouvoir civil sont aux prises avec ceux du pouvoir ecclésiastique. Et Dumoulin écrira cette consultation en cent articles pour conseiller hautement le rejet des Canons de Trente, déjà préconisé par l'Hospital.

Sous Henri II déjà, la question des rapports du pouvoir civil et du Saint-Siège s'était posée à l'esprit de Dumoulin. Elle se cachait sous les apparences de conflits relatifs aux matières bénéficiales. Mais le retentissant *Commentaire sur l'Édit des petites dates* (1552) ne retiendra pas notre attention. Il constitue surtout un pamphlet et les théories gallicanes que l'auteur y met en relief sont reprises, formulées avec plus de netteté dans le *Conseil sur le fait du Concile de Trente*.

______

(1) *Liber septimus*, II, xii, *De forma contrahendi censum*.

Chacun sait que ce Concile, chargé de rétablir la discipline et le dogme dans l'Église, l'ordre et la paix en Europe, se réunit sous François Ier pour ne se séparer que sous Charles IX, après dix-huit années d'une existence intermittente (1545-1563). Ses Canons touchèrent au Droit privé comme au Droit public. — Dans le domaine du Droit privé, nous voyons Dumoulin protester contre le Décret qui validait (en le blâmant d'ailleurs) le mariage contracté sans l'assentiment des parents, bouleversant ainsi les conceptions de notre ancien Droit sur la puissance paternelle. Mais ses protestations furent autrement véhémentes à l'égard des Canons qui, touchant au Droit public, allaient à l'encontre du vieux fonds traditionnel de doctrines gallicanes condensé dans la Pragmatique Sanction de Bourges. Nous trouvons ses protestations résumées dans l'article 100 de la Consultation, qui lui sert de conclusion : « La réception en France et l'approbation de ce Concile offenseraient Dieu, attenteraient aux Canons des antiques Conciles, à la majesté royale, aux droits du roi, aux édits royaux anciens et récents, aux libertés et privilèges de l'Église gallicane, à l'autorité des trois Ordres de la Nation, à l'autorité du Parlement, à la compétence de toutes les justices laïques ». Le légiste entier se dévoile dans ces quelques lignes.

6. — Homme d'action avant tout, Dumoulin eut néanmoins, dans quelques-uns de ses ouvrages, la pondération du jurisconsulte et l'impartialité de l'historien. Nous sommes fort au regret de ne pouvoir, en raison du cadre limité de ces quelques réflexions, insister sur des œuvres d'allure doctrinale ou purement historique,

telles que l'*Extricatio labyrinthi dividui et individui* ou le *Traité de l'origine, progrez et excellence du Royaume et Monarchie des François.* Mais puisque nous nous bornons à choisir les écrits qui accusent le mieux la physionomie de Dumoulin et en dessinent vigoureusement les contours, nous devons au lecteur quelques mots encore sur l'*Oratio de Concordia consuetudinum* et les *Conclusiones de statutis localibus.*

Quiconque recherche dans notre ancien Droit les prémices de nos Codes doit noter soigneusement l'*Oratio* que Dumoulin annexait, en 1546, à son *Tractatus Usurarum.* Car les projets de réforme touchant la législation coutumière constituent peut-être la partie la plus neuve de l'œuvre du grand légiste. Il expose dans l'*Oratio* le plan qui doit être suivi pour unifier les usages de la France coutumière.

La pratique des affaires a permis à l'auteur de connaître les qualités et les lacunes des diverses Coutumes. Sur chacun de ces petits codes provinciaux, il présentera ses observations, ses critiques, ses propositions de révision. Le Parlement du ressort solutionnera les points de Droit délicats et le roi revêtira de sa sanction le texte définitif. Dumoulin devait, d'ailleurs, entreprendre lui-même la réalisation de son grand projet. Et sur quantité de Coutumes il écrivit ces annotations dont Daguesseau disait plus tard qu'elles méritaient « d'être respectées presque comme des lois ». Exception faite pour Turgot, l'Histoire du Droit n'offre guère de plus bel exemple de dévouement au bien public.

7. — C'est Dumoulin tout entier, romaniste subtil et novateur éclairé, que nous trouvons encore dans les

Conclusiones de statutis localibus (1). En défendant la doctrine italienne sur l'application relative et extraterritoriale des statuts, Dumoulin, dernier des grands bartolistes, ne se bornera pas, comme Bartole, à défendre une interprétation commandée par la raison et l'humanité. Il luttera une fois de plus contre la Féodalité. Ce sont, en effet, des conceptions strictement féodales qui inspirent d'Argentré lorsqu'il pose en principe la souveraineté territoriale et absolue de la Coutume. Ce principe, auquel Loisel donnera la formule « toutes Coutumes sont réelles », gêne malgré tout Dumoulin, car il domine la jurisprudence. Aussi notre légiste apporte-t-il certain éclectisme en cette matière des statuts ; sa théorie se fixe, en somme, entre la doctrine de Bartole et le principe de la réalité des Coutumes. Dumoulin procédait jadis avec une autre hardiesse lorsqu'à l'affirmation de d'Argentré « Nulle terre sans seigneur », il répondait par la négation « Nul seigneur sans titre », oubliant qu'ainsi il déniait toute existence au franc alleu, puisqu'un alleu est sans titre par cette raison même qu'il est alleu (2).

---

(1) *Les Conclusiones* ne furent imprimées que longtemps après la mort de Dumoulin, en 1604.

(2) Paul Viollet : *Histoire du Droit civil français*, 3ᵉ édition. p. 698.

IV

LES RÉSULTATS.

SOMMAIRE

1. Abaissement de la féodalité politique et des justices seigneuriales. — 2. Formation d'un corps de doctrines gallicanes. — 3.
Dumoulin romaniste inspire certaines dispositions du Code civil. —
4. Révision des Coutumes sous l'influence des annotations de Dumoulin. — 5. Élaboration d'un Droit commun coutumier.

1. — Il est temps de conclure.

L'influence de Dumoulin et de son œuvre est attestée
dans l'Histoire du droit français par des résultats pré-
cis.

On peut dire que la féodalité politique cessa de vivre
lorsque Dumoulin eut mis au jour ce principe puissant et
fécond : *Feudum est contractus*. Le fief réduit aux pro-
portions d'un contrat de Droit privé, les avantages sei-
gneuriaux allaient, à leur tour, se réduire à la perception
de simples profits pécuniaires. Devenues sujettes du
pouvoir central, les justices seigneuriales entreront dans
une phase de décadence rapide, Guy Coquille déjà
pourra écrire qu'elles sont « des corps sans âme et sans
sang ». Aussi ne voit-on pas sans quelque surprise l'Assemblée de Vizille en Dauphiné formuler, en 1788, des
appréciations favorables aux tribunaux féodaux (1). Mais

____

(1) *Assemblée des trois Ordres de la province de Dauphiné*, 1788,
p. 27. V. aussi : Paul Viollet, *Histoire des Institutions politiques et
administratives de la France*, t. II., p. 458 et note 1.

ce n'est là qu'exception ; si le régime féodal survit à l'œuvre de Dumoulin, c'est un édifice vermoulu destiné à s'effondrer au premier essai de réparation (1).

2. — Aussi accentuée fut l'influence de Dumoulin relativement aux rapports du pouvoir civil et de l'Église. Il parvient à enrayer les abus de la fiscalité pontificale. Il dégage des malaises économiques de son temps la notion nécessaire de la licéité de l'intérêt. Sans doute la prohibition canonique demeurera debout après lui, mais à l'état de lettre morte ; elle ne trompera plus personne et au siècle suivant La Bruyère sera en droit de dire : « Il y a depuis longtemps dans le monde une manière de faire valoir son bien qui continue toujours d'être pratiquée par d'honnêtes gens et d'être condamnée par d'habiles docteurs. »

Dumoulin eut surtout le mérite de fixer en un corps les doctrines gallicanes. Grâce à lui furent conservées à la Pragmatique Sanction de Bourges les sympathies populaires et parlementaires — car personne n'ignore que le Concordat de 1516 fut très défavorablement accueilli par la magistrature et le clergé inférieur : seul peut-être Brantôme a glorifié cette mesure en un dithyrambe débordant (2). Une théorie claire et forte des doctrines gallicanes se dégageait, en effet, du

---

(1) Nous nous permettons d'emprunter ici quelques termes à M. Esmein, *Cours élémentaire d'Histoire du Droit Français*, 9ᵉ édition, p. 686.

(2) Brantôme : *Hommes illustres et grands capitaines françois. Le grand roy François* (t. III, p. 107 et suivantes). V. aussi : Georges Bussière : *Un procès féodal sous Louis XIV, la Seigneurie de Bourdeille et l'Abbaye de Brantôme*, Périgueux 1895, p. 77.

Commentaire sur l'Édit des petites dates et du *Conseil sur le fait du Concile de Trente.* C'est là qu'en 1594 Pierre Pithou viendra puiser la substance de ses quatre-vingt-trois articles. C'est à ces principes que la Déclaration du 19 mars 1682 donnera en quelque sorte l'estampille législative. Ajoutons que jamais notre ancien Droit public n'admit les Canons du Concile de Trente relatifs à la discipline et au temporel. La victoire de Dumoulin fut, sur ce terrain, si complète qu'à la veille de la Révolution Pothier écrivait encore : « Le Concile de Trente ne put être reçu en France, malgré les efforts que firent la Cour de Rome et le Clergé pour l'y faire recevoir. Tous les catholiques reconnaissent et ont toujours reconnu que les décisions de ce Concile sur le dogme sont la loi de l'Église ; mais l'atteinte qu'il donne dans ses décrets de discipline aux droits de la puissance séculière et à nos maximes sur un très grand nombre de points fut et sera toujours un obstacle insurmontable à sa réception dans ce royaume » (1).

3. — Plus faible fut, il faut en convenir, l'influence des travaux romanistes de Dumoulin. Les procédés des bartolistes étaient quelque peu vieillis et discrédités, l'École historique de Cujas et de Doneau venait au jour, apportant une méthode rajeunie et plus moderne. C'est

____

(1) Pothier : *Du Contrat de mariage*, nᵒ 349. L'approbation royale était, en effet, nécessaire pour l'exécution en France des décisions conciliaires touchant à la discipline ou au temporel. Les écrits et l'autorité de Dumoulin empêchèrent cette approbation d'intervenir jamais pour les Canons de Trente. Doujat : *Prænotionum canonicarum libri quinque*, l. II, ch. VII, § **72**.

néanmoins pour l'avenir que Dumoulin travaille quand il distingue les trois classes d'indivisibilité *contractu*, *obligatione*, *solutione*, distinction dont un œil exercé découvrirait des traces certaines dans notre Code civil (1). — lorsqu'il interprète audacieusement la loi *Si umquam* (2) dans son mémoire sur la révocation des donations pour survenance d'enfant, mémoire dont la substance a passé dans l'article 960 du Code civil.

4. — Mais ce serait assigner à l'influence de Dumoulin des limites bien étroites que prétendre la réduire à ces quelques dispositions de nos lois civiles. La vérité, c'est que Dumoulin a apporté une contribution lointaine mais indéniable à l'œuvre codificatrice du Consulat et de l'Empire. Nos Codes ne se sont point faits en un jour. Si leur rédaction a été, dans son ensemble, si facile et si prompte, il en faut attribuer le mérite aux jurisconsultes précurseurs. Car il semble que l'idée de l'unification législative ait été, dans la longue histoire de notre Droit, le monopole des plus hautes intelli-

---

(1) Cette division, qui fut fidèlement suivie par Pothier dans son *Traité des Obligations* (nos 291 et suivants), se trouve implicitement consacrée par le Code civil. L'article 1217 a voulu manifestement parler de l'*individuum contractu* ; l'article 1218, de l'*individuum obligatione* ; l'article 1221 et l'article 1233-2o, de l'*individuum solutione*. V. Rodière : *De la solidarité et de l'indivisibilité*, Toulouse 1852, p. 237 et suivantes.

(2) L. 8 au Code, *De revocandis donationibus*, VIII, 55. Cette constitution de 355 décide que la donation faite à l'affranchi peut, dans un seul cas, être révoquée par le patron : si ce dernier a donné n'ayant pas d'enfant, et s'il lui en survient un après la donation. Dumoulin généralisait donc avec quelque imprudence une loi ne visant qu'une hypothèse spéciale.

gences, depuis Agobard (1) et Louis XI (2) jusqu'à Domat et Daguesseau, en passant par Guy Coquille et Antoine Loisel.

Dans ce domaine de l'unification législative, l'influence de Dumoulin se marque par deux résultats positifs.

Les annotations de Dumoulin avaient révélé les lacunes et les obscurités des Coutumes. Les États-Généraux de Blois, réunis peu après sa mort, vont demander la réformation de ces dernières. La révision s'accomplira sous l'influence des doctrines de Dumoulin. Il serait facile de signaler dans la Coutume de Paris revisée en 1580 une série d'articles où cette influence est évidente (3). D'ailleurs, le vœu du légiste vers l'unité a

---

(1) Agobard : *Liber adversus legem Gundobadi*, ch. 5, 6, 7. (Patrol. Migne, t. 104, col. 116, 117).

(2) Qui ne connaît les tendances unitaires de Louis XI ? Guillaume Savaron, qui fut délégué à Montils-lez-Tours par les consuls de Clermont en Auvergne, nous a laissé le récit d'une audience accordée par ce roi aux délégués des bonnes villes. Nous en transcrirons seulement ce passage : « Et le bon sire parla sans qu'il ait été proféré par le chancelier, disant qu'il vouloit trois choses pour le profit de tout le royaume. ... Le second point est qu'il vouloit mettre ordre à la justice, afin de faire abréviation des procès, lesquels portoient grand dommage par faveur et corruption. Le troisième point est qu'il vouloit une seule loi par tout le royaume, et qu'il n'y eût qu'un poids, qu'une mesure et qu'une monnoie ayant cours. » V. Bardoux : *op. cit.*, p. 91 et 92. Voyez aussi : Chopin, *De communibus Gallicarum consuetudinum præceptis libellus*, part. II, n° 5 ; et Henri Beaune. *Droit Coutumier français*, introduction historique, p. 553.

(3) Contentons-nous d'un exemple : nous pourrions en citer bien d'autres. Lors de la réformation de 1580, la Coutume de Paris, dans son article 80, embrassera l'avis définitif de Dumoulin sur la nature de la licitation. La disposition de cet article 80 sera suivie par la majorité des Coutumes revisées, et plus tard Lamoignon la mettra au rang de ses *Arrêtés*. Ce simple exemple montre la mesure dans laquelle Dumoulin contribua pratiquement à l'unification législative.

été entendu et compris. Qu'on lise les délibérations des États-Généraux réunis après la publication de l'*Oratio de concordia consuetudinum* à Orléans (1560), Moulins (1566), Blois (1576), on y trouvera la trace d'aspirations, tantôt imprécises, tantôt nettes, vers l'unité juridique. Les députés, ceux du Tiers-État principalement — car les légistes siègent sur les bancs du Tiers —, réclament l'unité des Coutumes, des styles de procéder, des Édits et Ordonnances. Et Henri III semble même accéder à ces désirs en promettant de réunir les Ordonnances en un seul volume : c'était un peu le *libellus brevissimus* souhaité par Dumoulin (1).

5. — C'est enfin à Dumoulin qu'il faut faire remonter l'élaboration d'un Droit commun coutumier. Le premier, il affirma dans l'*Oratio de Concordia consuetudinum* que, vues de haut, les Coutumes reposaient toutes, plus ou moins, sur des principes identiques. Le premier, il a conseillé de rechercher et d'isoler ces principes pour tenter l'unification juridique.

Presque aussitôt, Coquille et Loisel vont recueillir ce conseil. L'*Institution au Droit françois* et les *Institutes coutumières* transformeront en réalités une partie des desiderata de l'*Oratio*. Le Droit commun coutumier est fondé ; volontiers il se modèlera sur cette Coutume de

---

(1) C'était dans l'article 207 de i'Ordonnance de Blois qu'Henri III promettait cette codification (Isambert : *Recueil général des anciennes lois françaises*, t. XIV, 1re partie, p. 430). La promesse reçut un commencement de réalisation et le président Barnabé Brisson fut désigné pour compiler ce recueil appelé *Code Henri III*. L'ouvrage fut achevé en 1586, mais le roi ajourna sa sanction ; en fin de compte, le *Code Henri III* ne devint jamais officiel.

Paris à laquelle Dumoulin assignait un rôle si prépondérant et une valeur si haute, *caput omnium hujus regni consuetudinum*. Après Dumoulin l'opinion dominante inclinera de plus en plus à reconnaître à la Coutume de Paris le caractère d'un Droit commun général et universel ; en sorte que les rédacteurs du Code civil puiseront abondamment dans ses dispositions. Cet exemple ne suffirait-il pas à prouver combien nos lois modernes « perdraient leur sens en cessant de se raccorder avec le passé » ? (1)

Mais avant d'inspirer le législateur de 1804, la pensée de Dumoulin devait être étrangement simplifiée et clarifiée par le jurisconsulte dont le nom est inséparable du sien. L'analyse de Pothier allait dépouiller de leur subtilité proverbiale et de leur écorce si rude les doctrines de Dumoulin (2). Aussi beaucoup pensent-ils encore que Pothier a reproduit de ces doctrines tout ce qu'il peut nous être utile d'en connaître. Écartons cette opinion entachée d'une évidente exagération, mais reconnaissons qu'on ne peut mieux mesurer les résultats et la portée de l'œuvre de Dumoulin qu'en rapprochant cette dernière de son aboutissant, l'œuvre de Pothier.

Octobre 1908.

P. LABORDERIE-BOULOU

----

(1) Nous nous approprions là quelques expressions de M. E. Thaller. *A propos du contrat estimatoire, Mélanges Appleton*, Lyon 1903, p. 639.

(2) Quelques expressions sont empruntées ici à M. Ginoulhiac, *Étude sur la nature de la légitime ou réserve d'après Dumoulin et la jurisprudence*. Paris, 1846.